LICHT AUS! DIE GESPENSTER KOMMEN

Aus dem Italienischen übersetzt
von Marion Schweizer

Originalausgabe erschien 1990 bei Arnoldo Mondadori S.P.A., Mailand.
Für die deutsche Ausgabe:

Umschlaggestaltung: Rincón Partners, Köln
Printed in Italy
ISBN 3-8166-3904-6

Annette Tison & Talus Taylor

LICHT AUS! DIE GESPENSTER KOMMEN

BUCH UND ZEIT
BZ

„Verdammter Mist, schon wieder so ein blöder, verregneter Sonntagnachmittag."
„Stinklangweilig. Nicht mal im Fernsehen kommt etwas Spannendes."

„Ich weiß etwas: Wir spielen Angstmachen. Wie findest du das?“
„Keine schlechte Idee. Du mußt versuchen, mir Angst einzujagen. Aber ich warne dich. Ich habe nämlich vor rein gar nichts Angst. Eigentlich weiß ich gar nicht, was das überhaupt ist!“
„Das wollen wir erstmal sehen. Also, hör zu: Stell dir vor, wir haben uns verlaufen und irren mutterseelenallein mitten in der Nacht in einer menschenleeren Gegend umher. Da kommt auf einmal eine böse Hexe durch die Luft geflogen.“
„Hihi, da lachen ja die Hühner! Glaubst du vielleicht, damit könntest du jemandem wie mir einen Schreck einjagen? Mit einer Hexe, die auf einem Besenstiel reitet? Die Geschichte ist doch von vorgestern, da mußt du dir schon etwas Aufregenderes einfallen lassen!“

„Nein, nein, diese Hexe ist viel gefährlicher. Sie hat eine supermoderne Ausrüstung. Außerdem reitet sie gar nicht auf einem normalen Besenstiel spazieren, sondern auf einem hypermodernen Staubsauger mit Düsenantrieb, Rückwärtslaser und einem biegsamen Schlauch, mit dem sie alle Kinder aufsaugt.“

„Lächerlich. So modern ist ein Staubsauger auch wieder nicht.
Und außerdem kann er überhaupt nicht fliegen. Ein Flugzeug oder
ein Hubschrauber oder eine Rakete – das wäre wirklich modern."

„Aber mit einem Flugzeug kann schließlich jeder fliegen. Eine Hexe im Flugzeug ist doch Quatsch, das ist total langweilig!"
„Also gut, meinetwegen erzähl weiter."
„Als die Hexe uns entdeckt, saugt sie uns auf. Plopp!"

„Sie bringt uns in ihr Versteck und läßt uns dort in einen tiefen, dunklen Brunnen fallen…“

„…und während wir da hinunterstürzen, wachsen aus den Brunnenwänden lauter knochige Gespensterhände, die uns kitzeln, bis wir nicht mehr wissen, wo oben und unten ist.“
„Pah, ich bin gar nicht kitzelig.“

„Ganz unten fängt uns dann ein Monster mit seinen riesenhaften Pratzen auf und gibt uns seinen Kindern zum Puppenspielen.“

„Die Monsterkinder geben uns ein ekelhaftes Gebräu aus einer Schnullerflasche zu trinken."
„Ei, wie niedlich! Eine Schnullerflasche! Als ich noch klein war, fand ich Schnullerflaschen einfach göttlich!"

„Die Monster schlafen zum Glück bald ein, und wir können durch einen schmalen Gang entkommen."

„Aber warum denn das? Sie waren doch furchtbar nett, diese Monster. Und ich habe sooo große Lust auf noch eine Schnullerflasche!"

„Aber nein, wir müssen weg, sonst wird es doch langweilig. Jetzt müssen wir den Gang entlang, mal klettern, mal rutschen, mal laufen. Mit letzter Kraft sind wir gerade noch einem Vampir entkommen, da versucht plötzlich ein riesiges Chamäleon, uns mit seiner klebrigen Zunge einzufangen."

„Da hast du es! Wir hätten eben bei den Monsterchen bleiben sollen! Und wo ist überhaupt die Hexe geblieben?“
„Die Hexe ist immer in unserer Nähe, aber sie ist unsichtbar!“

„Plötzlich landen wir in einem riesigen Saal voller Skelette. Sie packen uns an der Hand und zwingen uns, mit ihnen wie die Verrückten im Kreis herumzutanzen!“

„Ist ja irre! Ein Riesenringelreihen wie an meinem Geburtstag, mit allen meinen Freunden!“

„Als nächstes geraten wir in ein Spukschloß mit lauter Treppen, die hinauf und hinunter, aber nirgendwohin führen. Es gibt weder oben noch unten. Man kann über die Treppen an den Wänden hoch und an den Decken entlang gehen.“

„Also, das macht mir nun wirklich keine Angst. Mir ist noch nie im Leben schwindelig geworden!“

„Wart‘s ab, du wirst schon sehen. Jetzt wird es nämlich gleich ganz ungemütlich.“

„Schließlich kommen wir ganz oben auf dem Schloßturm an. Da fängt uns eine Zauberschachtel ein, trägt uns auf den Ozean hinaus und läßt uns dort einfach auf den Meeresgrund fallen."
„Und da drehen wir dann einen Film mit Jacques Cousteau?"

„Aber nein, halt doch die Klappe! Wir werden von einem sonderbaren Fisch verschluckt. Sein Magen ist so eine Art chemisches Labor, in dem wir durch endlose Glasröhren geschleust werden, bis wir so winzig klein geworden sind, daß man uns nur noch unter dem Mikroskop sehen kann…“

„Also ehrlich, diese Geschichte macht mir kein bißchen Angst, im Gegenteil, langsam fange ich an, mich richtig zu langweilen.“

„Warte noch ein bißchen ab! Jetzt vergnügt sich nämlich die Hexe gerade vor dem Bildschirm mit einem Computerspiel, und wir sind mitten drin.“
„Das ist ja superklasse! Ich bin ganz verrückt auf Computerspiele!“
„Naja, aber weil sie verloren hat, wird sie jetzt stocksauer und stopft uns kurzerhand in zwei Einmachgläser.“

„Die Gläser stellt sie in ihre Rumpelkammer, in der es vor Mäusen nur so wimmelt…“
„Neiiin!!!“

„B..b... bloß keine Mäuse!
Ich hab fürchterliche Angst
vor Mäusen. Bitte, bitte, alles,
bloß keine Mäuse!
Menschenfresser, Vampire,
Monster, alles was du willst,
aber bitte laß die Mäuse aus
dem Spiel!"

„Na, jetzt hast du die Hosen voll! Dabei ist es gerade eine Maus, die uns rettet, weil sie das Glas umwirft, in dem unser Hund eingesperrt ist.“

„Das Glas zerbricht, und unser Hund wird wieder so groß wie früher. Das kluge Tier wirft nun auch die anderen Gläser um, so daß wir schließlich auf den Staubsauger klettern und nach Hause zurückfliegen können."

„Und die Mäuse?!“
„Ach ja, die Mäuse. Die haben eine solche Angst gekriegt, daß sie wie der Blitz in ihren Löchern verschwunden sind, und man hat sie nie wieder gesehen...“

„So, und wer hat jetzt vor gar nichts Angst?"
„Äh, na ja..."
„Na?!"
„Du... du hast gewonnen, zugegeben.
Aber sag mal, wieso bellt denn der Hund?"